LE
CONTRAT D'ÉDITION

EN MATIÈRE ARTISTIQUE OU LITTÉRAIRE

ET

LA NÉCESSITÉ DE SA RÉGLEMENTATION LÉGISLATIVE

PAR

Henri PASCAUD

CONSEILLER A LA COUR D'APPEL DE CHAMBÉRY
CORRESPONDANT DU MINISTÈRE DE L'INSTRUCTION PUBLIQUE
MEMBRE CORRESPONDANT DE L'ACADÉMIE DE LÉGISLATION DE TOULOUSE
MEMBRE DE LA SOCIÉTÉ DE LÉGISLATION COMPARÉE

Mémoire lu au Congrès des Sociétés savantes, à Paris, le 29 mars 1894

PARIS

THORIN & FILS, ÉDITEURS

Libraires du Collège de France, de l'École normale supérieure,
des Écoles françaises d'Athènes et de Rome
de la Société des Etudes historiques
4, RUE LE GOFF, 4

1894

LE

CONTRAT D'ÉDITION

EN MATIÈRE ARTISTIQUE OU LITTÉRAIRE

ET

LA NÉCESSITÉ DE SA RÉGLEMENTATION LÉGISLATIVE

Extrait de la *Revue générale du droit*.

TOULOUSE. — IMPRIMERIE A. CHAUVIN ET FILS, RUE DES SALENQUES, 28.

LE
CONTRAT D'ÉDITION

EN MATIÈRE ARTISTIQUE OU LITTÉRAIRE

ET

LA NÉCESSITÉ DE SA RÉGLEMENTATION LÉGISLATIVE

PAR

Henri PASCAUD

CONSEILLER A LA COUR D'APPEL DE CHAMBÉRY
CORRESPONDANT DU MINISTÈRE DE L'INSTRUCTION PUBLIQUE
MEMBRE CORRESPONDANT DE L'ACADÉMIE DE LÉGISLATION DE TOULOUSE
MEMBRE DE LA SOCIÉTÉ DE LÉGISLATION COMPARÉE

Mémoire lu au Congrès des Sociétés savantes, à Paris, le 28 mars 1894

PARIS

THORIN & FILS, ÉDITEURS

Libraires du Collège de France, de l'École normale supérieure,
des Écoles françaises d'Athènes et de Rome
de la Société des Etudes historiques

4, RUE LE GOFF, 4

1894

LE CONTRAT D'ÉDITION

EN MATIÈRE ARTISTIQUE OU LITTÉRAIRE

ET LA NÉCESSITÉ DE SA RÉGLEMENTATION LÉGISLATIVE

(Mémoire lu au Congrès des Sociétés savantes, à Paris, le 28 mars 1894.)

Le contrat d'édition est une convention par laquelle l'auteur d'une œuvre littéraire et artistique ou ses ayants-cause s'engagent à remettre cette œuvre à un éditeur qui, de son côté, s'oblige à la publier, c'est-à-dire à la reproduire en un nombre considérable d'exemplaires et à la répandre dans le public. Cette définition que nous empruntons au Code fédéral suisse des obligations (art. 372) met nettement en relief les caractères du contrat d'édition. Par sa nature même, cette espèce de convention implique la reconnaissance du droit de propriété littéraire ou artistique, et ne s'occupe de ses conditions d'existence que dans les rapports nécessaires qu'il crée entre l'auteur de l'œuvre et la personne appelée à l'éditer. Deux éléments essentiels et corrélatifs forment la base du contrat d'édition : l'éditeur, d'une part, acquiert un droit de publication, et, par voie de conséquence, l'auteur contracte l'obligation de rendre cette publication possible ; l'auteur, d'un autre côté, a le droit d'exiger la publication, et, par suite, l'éditeur s'oblige à l'effectuer. Ce contrat a ainsi une individualité particulière, et, malgré certaines analogies plus spécieuses que réelles, il se différencie entièrement des autres contrats auxquels on pourrait être tenté de l'assimiler.

C'est ainsi qu'il ne constitue pas une vente, parce que la stipulation d'un prix ne forme pas une de ses conditions fon-

1

damentales, parce que l'auteur ne cède pas nécessairement, moyennant une rétribution pécuniaire, les droits de propriété qui lui appartiennent sur son œuvre, et surtout parce que l'éditeur est toujours tenu de l'obligation de publier, tandis que, s'il avait acquis la propriété de l'œuvre, il pourrait, à son gré, en user ou n'en pas user en s'abstenant de toute publication. La convention que nous étudions n'a pas non plus le caractère d'un louage par lequel l'auteur, au lieu de consentir la cession complète de ses droits pour un prix déterminé, comme dans la vente, assurerait à l'éditeur la jouissance de sa création artistique ou littéraire moyennant une rémunération pécuniaire périodique. Le contrat d'édition n'est pas davantage un contrat de louage de services de la part de l'éditeur ou de l'auteur; si, en effet, l'éditeur loue son industrie pour la reproduction d'un ouvrage dont l'auteur doit payer les frais, sauf à ce dernier à jouir des bénéfices de la publication, il n'acquiert jamais à l'encontre du propriétaire de l'œuvre ce droit absolu de publication qui est de l'essence de la convention d'édition, l'auteur ayant toujours le droit de renoncer à publier son travail, à la condition d'indemniser l'éditeur; si, au contraire, c'est l'auteur qui loue ses services en exécutant la commande d'un ouvrage que lui a faite l'éditeur, celui-ci devient propriétaire de l'œuvre lorsqu'elle est achevée (V. Jurisprudence française sur la matière, les usages pratiqués en Allemagne, le Code civil autrichien, art. 1170; la loi suisse du 23 avril 1883, art. 1er; le *Droit d'auteur*, p. 23 et 37; M. Lardeur, p. 37). Enfin, le contrat d'édition diffère également du contrat de société en ce que si, des deux côtés, il existe des apports, l'ouvrage de l'auteur et l'industrie de l'éditeur, si chacune des parties a l'intention de réaliser des bénéfices, la contribution aux pertes, condition substantielle dans les rapports des associés, n'existe pas en général, l'auteur n'étant pas tenu le plus ordinairement de supporter une part quelconque dans les pertes.

Le contrat d'édition a donc des caractères propres que cette courte analyse juridique a déjà suffisamment esquissés pour démontrer qu'il forme une convention *sui generis* parfaitement distincte de toute autre se rattachant à la propriété littéraire ou artistique, et que cette convention a une importance considérable qui se révélera, plus évidente encore, lorsque nous aurons ultérieurement à insister sur les questions dont elle exige la solution.

Malgré l'intérêt de premier ordre qui s'attache au contrat d'édition, notre législation ne s'est pas préoccupée d'en retracer les règles et d'en sanctionner les obligations. Ni le Code civil de 1804, ni les lois spéciales à la propriété littéraire et artistique du 13 janvier 1791 et 19 juillet 1793, ni les décrets du 1er germinal an XIII et du 5 février 1810, ni les lois du 3 août 1844, du 8 avril 1854 et du 14 juillet 1866, n'ont parlé de la convention spéciale qui intervient entre les éditeurs et les auteurs pour la reproduction des ouvrages de ceux-ci. Cette lacune législative ne devait pas tarder à apparaître toute béante sous les pas du juge qui, lui, ne pouvait s'abstenir de statuer, sous peine de déni de justice, lorsque le développement de la production artistique et littéraire, d'abord plus restreint, a fini par prendre un certain essor. Les tribunaux, interprètes obligés des stipulations qui liaient les parties, se rappelèrent qu'il existe dans le Code civil, au titre des obligations conventionnelles, un article 1107, en vertu duquel les contrats, soit qu'ils aient une dénomination propre, soit qu'ils n'en aient pas, sont soumis aux règles générales qui forment l'objet de ce titre. Et c'est ainsi que s'est formée la jurisprudence au sujet de ce contrat, alors innomé, que l'on qualifie aujourd'hui de contrat d'édition, lentement, péniblement, de manière toutefois à constituer peu à peu un corps de décisions, d'abord variables et contingentes, ensuite plus stables et mieux appropriées à la matière, mais toutefois dépourvues de la netteté et de la précision que seule peut présenter une bonne loi.

D'où provient ce silence du législateur? C'est ce qu'il importe de rechercher. Au début, il peut s'expliquer historiquement. On sait que, sous l'ancien régime, la propriété littéraire et artistique n'existait pas. Les œuvres et inventions de cette nature faisaient, en quelque sorte, partie du domaine royal en vertu d'un principe mal défini, il est vrai, mais certain; aussi formaient-elles matière à des privilèges que le roi octroyait à qui bon lui semblait, sans même que celui qui en était investi justifiât d'un droit quelconque. Cependant, comme ces privilèges avaient surtout pour but de couvrir les frais de publication, ce furent le plus souvent les éditeurs et les imprimeurs qui les obtinrent. Tout naturellement les auteurs réclamèrent, mais ce ne fut qu'après des controverses prolongées et seulement à la fin du dix-huitième siècle que la question fut résolue en leur faveur. Néanmoins, on ne crut pas devoir aller jusqu'à leur attribuer la propriété de l'œuvre qu'ils avaient créée. Deux arrêts du conseil, en date du 30 août 1777, reconnurent le droit des auteurs sur leurs ouvrages seulement dans le cas où ils en avaient obtenu le privilège en leur nom. Ils avaient alors la faculté de les vendre chez eux, mais sans pouvoir se livrer à la vente d'autres livres. Ce privilège était perpétuel pour eux et leurs héritiers, pourvu qu'aucune rétrocession n'en fut faite à un libraire, auquel cas et par le seul effet de cette aliénation, la durée du privilège était réduite à celle de la vie de l'auteur. Outre que le droit de propriété était subordonné à la concession d'un privilège, les conséquences de ce privilège étaient en partie annihilées par les dispositions restrictives qu'édictait le conseil. On conçoit aisément que les auteurs ne pouvaient s'accommoder d'un aussi étrange régime; leurs plaintes se produisirent avec tant de vivacité qu'un nouvel arrêt du Conseil du 30 juillet 1778 y fit droit en les autorisant à faire imprimer leurs œuvres pour leur compte autant de fois qu'ils le voudraient, ou par un libraire de leur choix, sans que les traités conclus pour l'impression ou le débit d'une édition pussent être assimilés à des cessions de privilège. Tel était, sommairement résumé, l'état de notre législation sur la matière avant la révolution. Le contrat d'édition, qui suppose un droit de propriété dûment reconnu, ne pouvait donc exister sous un régime qui subordonnait l'existence des droits d'auteur à l'obtention d'un privilège.

Le Code civil de 1804 est, à la vérité, postérieur à la loi qui forme la base première de la propriété littéraire et artistique. Pourquoi donc, la situation des auteurs étant modifiée, le législateur ne s'est-il pas préoccupé de réglementer le contrat d'édition? Deux raisons peuvent expliquer son abstention : en ce qui concerne les obligations, il a plutôt combiné et coordonné les anciennes dispositions et les vieux principes qu'il n'a voulu innover. Dès lors, ne trouvant ni dans Pothier son guide habituel pour les obligations conventionnelles, ni dans les autres commentateurs de l'ancien droit aucun type de con-

trat analogue au contrat d'édition, puisqu'il n'en pouvait exister durant cette période, il s'est désintéressé d'une forme de
convention qui a pu lui paraître exceptionnelle. Ce contrat, il
faut le dire d'ailleurs, n'avait pas l'importance qu'il a ultérieurement acquise à notre époque de production littéraire et
artistique si intensive; les auteurs du Code civil ont pu, par
suite, négliger d'en retracer les règles sans supposer que leur
abstention porterait préjudice à de respectables intérêts, ou
tout au moins ils ont cru qu'en laissant ces sortes de contrats
sous l'empire du droit commun et dans le domaine de la libre
convention, ils prémunissaient suffisamment les droits des auteurs contre toute lésion du fait des éditeurs.

Cette manière de voir peut, à la rigueur, se comprendre.
Mais lorsque notre production littéraire et artistique eut pris
un essor plus considérable, sous la Restauration, sous le gou-
vernement de Juillet, sous le second empire, on ne s'explique
guère ce maintien d'un *statu quo* dont tant d'intérêts divers
étaient fondés à réclamer la modification. La France n'avait
qu'à jeter les regards autour d'elle : depuis longtemps déjà
des nations voisines avaient légiféré sur le contrat d'édition, et
tout permettait de croire qu'elles avaient eu raison de le faire.

Sans doute, il est fort bien d'abriter, sous le salutaire principe de la liberté des conventions, sous l'égide du droit commun et au besoin de l'usage, les contrats que les parties
concluent entre elles, et le législateur ne peut intervenir cons-
tamment pour délimiter et réglementer les stipulations qui lient
les intéressés à titre en quelque sorte exceptionnel. Mais, lorsqu'un contrat est fréquemment usité, que son emploi devient
quotidien et normal, la loi ne s'expose-t-elle pas à être taxée
d'impuissance, si elle n'accorde aucune garantie aux intérêts
sous le prétexte qu'elle veut laisser aux parties le soin de sti-
puler librement les clauses propres à protéger leurs droits ? Le
principe de la liberté des conventions ne s'oppose pas le moins
du monde à la réglementation des contrats, du moment où le
législateur n'édicte pas des dispositions impératives auxquelles
on ne peut déroger sous peine de nullité. La loi, a-t-on dit, a
surtout pour but non d'ordonner le bien, mais de défendre le
mal. Cela est parfaitement exact, mais ne saurait légitimer l'interdiction de réglementer le bien, alors surtout qu'on n'a re-

cours à aucun moyen de contrainte. Qu'a donc fait le législateur pour tous les contrats spéciaux (cautionnement, nantissement, mandat, bail à ferme, à cheptel sous ses diverses formes, etc.), sinon édicter des règles qui deviennent la loi des parties lorsque la convention ne les a pas modifiées ? Il est certaines matières délicates et compliquées de leur nature, et nous verrons que les rapports respectifs des auteurs et éditeurs appartiennent à cette catégorie, dans lesquelles les intéressés éprouvent maintes difficultés pour l'élaboration de leurs conventions. Avec un texte législatif bien coordonné, que l'on peut restreindre ou élargir à volonté sans être entravé par de prétendues prescriptions d'ordre public, ces inconvénients disparaissent et la loi sert de guide aux parties pour la rédaction des clauses propres à sauvegarder leurs intérêts. C'est là, dans la plupart des circonstances, la mission qui lui est dévolue. N'est-elle pas suffisamment utile et suffisamment belle, et parce que le législateur ne commande pas sous peine de nullité, son œuvre est-elle donc forcément inefficace ? Personne ne pourrait le soutenir sérieusement.

Aussi bien dans notre pays, où pendant longtemps la doctrine est demeurée indifférente à la question, il s'est formé depuis quelques années un mouvement juridique d'opinion favorable à la rédaction d'une loi spéciale sur le contrat d'édition. Des circonstances particulières, des procès importants, l'absence de conventions expresses entre les parties ont mis en lumière les difficultés de la tâche qui incombe au malheureux juge, obligé, sous peine de déni de justice, de statuer sur des litiges parfois si complexes que la volonté des contractants, que l'intention des parties apparaissent enveloppées de nuages, et cela sans qu'aucun principe posé par une loi spéciale permette d'en dissiper l'obscurité. Un tel état de choses s'impose assurément à l'attention de nos législateurs, et leur intervention ne sera pas sans utilité pour déterminer les caractères et les conséquences juridiques qui découlent du contrat d'édition dans les rapports respectifs des éditeurs et des auteurs.

Toute œuvre littéraire ou artistique ne peut faire l'objet du contrat d'édition. Il est nécessaire que l'auteur ou son ayant cause ait sur elle un droit exclusif de disposition. Par conséquent, si une œuvre était antérieurement tombée dans le domaine public, le contrat ne pourrait se former ; il serait nul *de plano*, faute de cause. En ce qui concerne l'éditeur, le contrat d'édition, à un autre point de vue, ne comporte pas essentiellement l'acquisition d'un droit de publication exclusif, d'un monopole absolu sur l'ouvrage ; l'auteur peut ne lui céder que le droit de faire une seule édition suivant une forme déterminée de publication, sauf à traiter avec d'autres éditeurs pour publier l'œuvre dans d'autres formes.

Les œuvres illicites ou immorales ne sauraient être la matière d'un contrat entre l'éditeur et l'auteur. Cela se conçoit aisément, puisque, aux termes des principes généraux du droit, l'obligation qui repose sur une cause contraire à la loi, aux bonnes mœurs et à l'ordre public, est entachée de nullité. Le critérium d'appréciation, en pareille occurrence, ne laisse pas d'être difficile à trouver, car comme tout point de fait susceptible de provoquer des jugements variables, il se diversifie selon les espèces. On peut cependant dire avec certitude qu'un ouvrage déjà condamné par les tribunaux ne peut faire l'objet d'un contrat d'édition valable.

L'auteur, avons-nous dit, doit avoir sur son œuvre un droit absolu de disposition pour transmettre à l'éditeur le droit de publication qu'implique le contrat d'édition. Mais s'il n'a pas été seul à mettre son œuvre au jour ; s'il a eu des collaborateurs qui refusent de la publier, comment se résoudra le conflit survenu entre eux ? Il n'est pas douteux que chacun des collaborateurs a un droit égal sur l'ouvrage commun ; que tous en sont copropriétaires au même titre, et qu'ainsi, dans la rigueur des principes, le droit de chacun neutralise et paralyse le droit des autres. Par conséquent, la publication ne devrait pas avoir lieu. Il paraît toutefois bien difficile d'admettre une solution aussi absolue, aussi préjudiciable à tous les intérêts en compétition ; car, en bonne règle, le droit d'un seul ne doit pas annihiler le droit de tous les autres. Aussi la jurisprudence s'est-elle arrogé la faculté d'autoriser la publication selon les circonstances, obéissant ainsi plutôt aux inspirations de l'équité qu'à la rigueur du droit qui serait, dans ce cas, peu pratique. La nécessité d'une disposition légale qui tranche la question en ce sens ne s'en fait que plus vivement sentir.

Nous venons d'esquisser les conditions requises de la part

de l'auteur pour conclure le contrat d'édition. Ce qu'il peut faire, quelques-uns de ses ayants cause, comme le conjoint survivant en qualité d'usufruitier, ses créanciers ont-ils également qualité pour le réaliser? Ce sont là des questions délicates qui se résolvent le plus souvent en conformité des règles de l'équité plutôt que de celles du droit et pour la solution desquelles un texte formel serait éminemment utile. On admet généralement que l'usufruitier peut conclure un contrat d'édition. C'est, en effet, un acte de jouissance qui n'excède pas les pouvoirs que la loi de 1866 confère au conjoint survivant, lequel bénéficie des droits dont l'auteur n'a pas disposé. Mais là encore le conjoint doit observer la mesure, il ne peut multiplier à l'excès les éditions ni les exemplaires des éditions sous peine de se rendre coupable d'abus de jouissance et d'encourir les déchéances qui peuvent en résulter. Quant aux créanciers, il est incontestable que le droit d'auteur, comme tous les autres biens qui appartiennent à leur débiteur, forme leur gage dès l'instant où il cesse d'être exclusivement attaché à la personne (art. 1166 C. civ.); par suite donc, ils peuvent conclure des contrats d'édition lorsque ce droit, par le fait d'une exploitation commencée, cesse d'être personnel pour prendre une valeur commerciale. Si l'on veut plus de précision, il est certain que tant qu'une œuvre n'a pas été publiée, tant que le manuscrit qui la contient est demeuré inédit, le droit de publication reste dans le domaine intime et personnel de l'auteur sans faire partie du patrimoine qui est la garantie de ses engagements. Lui seul, en effet, est juge de la question de savoir si son ouvrage doit être publié, et, comme cet ouvrage n'a encore qu'une valeur purement intellectuelle et morale, il échappe à l'action des créanciers. Mais lorsqu'il a été édité, la situation se modifie; l'auteur ne serait plus fondé à invoquer des considérations artistiques, littéraires, morales quelconques, pour se soustraire à une nouvelle publication sur laquelle ceux dont il est devenu le débiteur ont dû rationnellement compter pour assurer leur payement.

Le contrat d'édition donne-t-il à l'éditeur le droit de céder le bénéfice de la convention à un tiers? C'est encore un point qui aurait besoin d'être réglementé par la loi. Tout d'abord, il semble logique d'admettre qu'une cession de ce genre doit être valable comme celle de tout droit qui appartient à un cédant quel qu'il soit. Mais la solution n'est pas aussi simple : si, en effet, l'auteur a contracté avec tel éditeur déterminé plutôt qu'avec tel autre, c'est, sans doute, à cause de sa capacité commerciale, de sa spécialité bien caractérisée pour le genre de publications auquel se rattache l'ouvrage. Dès lors, la convention a été consentie *intuitu personae*, et il n'appartient qu'à celui qui en a le bénéfice d'en accomplir les obligations.

Ce caractère essentiellement personnel du droit de publication de l'auteur sur son œuvre n'est pas sans réagir sur la capacité et les conditions qui sont nécessaires pour la conclusion du contrat d'édition. Ainsi le père et le tuteur, bien que l'incapable se trouve soumis à l'administration légale ou à la tutelle, ne pourront, sans le consentement de celui-ci, conclure un contrat d'édition comme ils auraient consenti d'autres conventions qui l'intéressent. La raison en est que ce contrat est un acte essentiellement inhérent à la personne du mineur, et que l'autorité paternelle ou tutélaire ne pourrait, sans un abus de pouvoir manifeste, contraindre le mineur à user malgré lui d'un droit aussi intime que celui de publier son œuvre, laquelle, par cela même qu'elle est le produit de sa pensée, constitue, en quelque sorte, un des éléments de sa personnalité. Le rôle du père et du tuteur doit, en conséquence, se borner à autoriser la publication que veut faire le mineur. Les mêmes motifs permettent d'admettre qu'un contrat d'édition ne peut être conclu sans l'assentiment de l'individu qui se trouve en état d'interdiction judiciaire ou légale, car son incapacité ne lui enlève pas le droit exclusivement personnel qu'il a de publier ou de ne pas publier son ouvrage. Le tuteur à l'interdiction ne saurait donc, en cette matière, comme lorsqu'il s'agit des autres conventions qui intéressent l'incapable, agir *proprio motu* pour traiter avec un éditeur ; il n'a pas les pouvoirs requis pour substituer sa volonté à la volonté de l'incapable, même dans l'intérêt de celui dont il administre la tutelle. Mais dès que cette volonté s'est affirmée par des actes suffisamment concluants, par une publication antérieure notamment, le droit de publier une œuvre cesse d'avoir un caractère personnel pour devenir une valeur purement commerciale, et il appartient au tuteur d'en disposer conformément au droit commun.

A bien l'analyser dans ses divers éléments, le contrat d'édition constitue-t-il un acte de disposition de la propriété d'un ouvrage littéraire ou artistique, ou bien un simple acte d'administration et de jouissance? La question mérite un examen attentif. On admet cependant, en général, que le prodigue peut conclure une convention de ce genre sans l'assistance de son conseil judiciaire, que l'administrateur provisoire de l'aliéné a capacité pour la consentir, pourvu qu'il obtienne le consentement de ce dernier dans un intervalle lucide.

En ce qui concerne la femme mariée, qui est soumise, pour ce contrat comme pour les autres, à l'autorisation maritale, il est certain que si le mari ne peut publier l'œuvre de sa femme sans le consentement formel de celle-ci, elle, de son côté, ne peut consentir un contrat d'édition sans y être régulièrement autorisée. Mais, pour obvier au refus du mari, peut-elle recourir à l'autorisation de justice? Cette question ne laisse pas d'être singulièrement délicate, étant données les considérations d'ordre tout intime et personnel qui peuvent justifier l'attitude du mari. Mais comme après tout ce dernier peut être tenté d'abuser de son pouvoir et porté à refuser d'accueillir sans motifs sérieux la demande que lui adresse sa femme, il paraît préférable de décider avec M. Demolombe que, dans ce cas, on doit appliquer les principes généraux de notre droit, et que l'article 219 du Code civil n'édictant aucune exception même pour les droits qui sont essentiellement attachés à la personne, il y a lieu d'admettre que les tribunaux auront la faculté d'autoriser la femme. Etant données les controverses soulevées sur ce point, il serait utile qu'une loi fût appelée à se prononcer.

Il nous reste à examiner la nature du contrat d'édition, sa forme, les modes de preuves propres à en établir l'existence, ainsi que les obligations et droits respectifs qui en dérivent pour l'auteur et pour l'éditeur.

La nature de cette espèce de convention est différente, selon qu'on l'envisage eu égard à l'une des parties contractantes, par rapport à l'autre partie, ou en ce qui concerne toutes les deux. L'auteur, qui se borne à céder le droit de publication qui lui appartient sur son ouvrage sans spéculer sur le produit tout intellectuel de sa pensée, n'est pas plus un commerçant que ne l'est l'agriculteur qui dispose des produits matériels de son domaine ; en ce qui le touche par conséquent, le contrat est essentiellement civil. Au contraire, l'éditeur qui achète le droit de publication dans le but de revendre l'œuvre éditée et d'en tirer profit, se livre à un acte de commerce bien caractérisé. Vis-à-vis de lui, la convention est donc commerciale, et dans les rapports respectifs des deux contractants, elle est de nature mixte, ce qui donne à l'auteur le droit d'actionner son éditeur devant le tribunal de commerce, tandis que ce dernier doit assigner l'auteur devant la juridiction civile seule compétente à son égard.

Aucune forme spéciale n'est exigée pour la constatation du contrat d'édition. C'est donc à tort qu'on avait induit autrefois des termes de la loi du 19 juillet 1793 (art. 3), la nécessité d'un écrit pour la preuve de ce genre de convention, alors qu'elle est exigée seulement pour rendre plus facile aux auteurs la confiscation qui doit être opérée par les officiers de police judiciaire quand il y a contrefaçon. Le contrat d'édition, comme presque tous les contrats consensuels peut être simplement verbal, et la preuve s'en administre dans les conditions du droit commun, c'est-à-dire que l'auteur la fait contre l'éditeur à l'aide de tous les modes usités en matière commerciale, tandis que ce dernier l'établit contre l'auteur conformément aux dispositions des articles 1341 et suivants du code civil par témoins ou pré- somptions, par serments ou par aveux selon les cas. La juris- prudence considérant avec raison que ces présomptions consti- tuaient de pures questions de fait, s'est montrée assez large dans l'application qu'elle en a faite.

Les obligations de l'auteur envers l'éditeur consistent dans la livraison de l'œuvre à publier et dans la garantie contre tous troubles dans la jouissance. L'auteur est tenu de mettre l'édi- teur en mesure d'effectuer la publication soit en lui remettant le manuscrit de l'œuvre, soit en lui délivrant une copie complète et conforme de tous points à l'original. Cette délivrance doit s'opérer à l'époque convenue, et s'il n'a pas été stipulé de délai, ce sont les tribunaux qui le fixeront après mise en demeure. L'auteur est toujours obligé de livrer, à moins que l'inexécu- tion du contrat par l'éditeur ou un cas de force majeure ne le dégage de son obligation. A défaut de livraison, si le manus- crit est achevé, l'éditeur peut procéder par voie d'exécution forcée et se faire autoriser par justice à saisir l'original ou la copie que possède l'auteur. Dans ce cas, il ne s'agit pas d'une obligation de faire, susceptible de se résoudre seulement en dommages-intérêts, mais d'une obligation de livrer dont l'exécution doit s'effectuer conformément aux modes prévus par la loi. Si, au contraire, l'ouvrage n'est pas terminé, il n'y aura plus à la charge de l'auteur qu'une obligation de faire, et l'éditeur ne pourra qu'obtenir des dommages-intérêts.

A l'obligation de livrer se rattache la correction des épreuves qui incombe à l'auteur, car tant qu'elle n'est pas faite, on peut dire que la livraison de l'ouvrage n'est pas complète, et que l'éditeur n'a pas été suffisamment mis en mesure d'effectuer la publication. On admet que l'auteur a le droit de faire certains remaniements, de retoucher le texte primitif, mais dans quelle mesure ? C'est là un point des plus délicats, car si l'auteur, par suite du contrat d'édition, ne cesse pas d'avoir la paternité de son œuvre, il n'en est pas moins vrai qu'il s'est engagé à la livrer à l'éditeur dans l'état où elle se trouvait après son achèvement. Il doit respecter son contrat, et s'il modifiait son ouvrage dans ses caractères essentiels, son obligation serait inexécutée. Nous en concluons donc que l'auteur ne peut faire à son travail que des modifications de style, des additions de nature à compléter son œuvre sans en changer la physionomie générale. Aller plus loin, ce serait, en dépit du caractère essentiellement synallagmatique du contrat, attribuer arbitrairement à l'une des parties la faculté de ne pas l'exécuter, tandis que l'autre partie continuerait à être tenue de toutes ses obligations. Aujourd'hui ces questions si importantes se résolvent par l'application des principes généraux et des usages ; là encore un texte formel serait bien utile pour leur équitable solution.

Pour que l'obligation de livrer soit complètement exécutée, il est indispensable que l'auteur, après la correction des épreuves, mette l'éditeur entièrement en mesure de publier son œuvre ; il doit donc lui fournir le bon à tirer nécessaire pour l'imprimeur et sans lequel ce dernier ne pourrait procéder à l'impression de l'ouvrage.

L'auteur et ses ayants cause sont tenus à la garantie envers l'éditeur auquel, par le contrat d'édition, il est transmis un droit de jouissance sur l'œuvre littéraire ou artistique. Si donc le contractant, auteur ou ayant cause, n'a pas véritablement et légitimement la propriété de l'ouvrage, si l'œuvre est tombée dans le domaine public, ou bien a fait antérieurement l'objet d'une convention identique ou de stipulations qui soient inconciliables avec le contrat d'édition, l'éditeur a un recours, tant pour se faire restituer les sommes qu'il a pu payer, que pour obtenir la réparation du préjudice qui lui a été causé. En cas de contrefaçon par un tiers, l'auteur est également tenu, s'il en est requis par l'éditeur, de faire cesser les troubles apportés à la jouissance de ce dernier ; à plus forte raison cet auteur, lorsqu'il a aliéné ses droits de publication, peut, s'il les cède à un autre avant d'en avoir recouvré la pleine propriété, être poursuivi pour contrefaçon. Ces questions, dans leur ensemble, présentent assez de complexité, et il serait bon qu'une loi, sans régler par le détail tous les points susceptibles de devenir litigieux, posât du moins quelques principes généraux propres à en faciliter la solution.

Les obligations de l'éditeur consistent à publier l'œuvre et à payer le prix, s'il en a été stipulé un. Mais ce prix ne constitue qu'un accessoire du contrat d'édition; l'obligation seule essentielle et fondamentale, c'est la publication, puisqu'elle forme la contre-partie des engagements pris par l'auteur. Ce principe est expressément consacré par les législations étrangères, et l'on ne peut soutenir que son affirmation, dans une disposition légale, soit inutile, car trop souvent la doctrine sur la matière tend à confondre le contrat d'édition, malgré ses différences bien caractérisées, avec la cession des droits d'auteur, avec la vente de la propriété littéraire ou artistique.

La publication qui incombe à l'éditeur doit être faite intégralement, ce qui implique que l'éditeur n'a pas le droit de modifier l'ouvrage sans le consentement de l'auteur ou des divers auteurs s'il y a eu collaboration. Il est cependant des cas où cette règle devrait souffrir certains tempéraments, qu'une loi sagement conçue ferait bien de prévoir parce qu'ils se présentent assez fréquemment. Ainsi, il est certain que les œuvres de science et de pédagogie gagnent à être tenues au courant des progrès scientifiques et pédagogiques, et que des corrections devraient pouvoir y être apportées sans inconvénient par l'éditeur, sauf à lui à ne pas altérer la nature, l'importance, le caractère général de l'ouvrage. Cette intégralité de la publication s'applique au titre, au nom de l'auteur que l'éditeur n'a pas la faculté de supprimer; mais, corrélativement à cette obligation, ce dernier a le droit de se servir, à moins de stipulation contraire, du nom de l'auteur.

La publication doit commencer immédiatement, à défaut de délai convenu, et se continuer ensuite sans retard. D'après les usages de la librairie, l'éditeur n'est tenu de procéder à l'impression que lorsqu'il est nanti du bon à tirer fourni par l'auteur. L'impression, d'ailleurs, ne suffit pas pour que l'obligation de publier soit pleinement exécutée; il appartient à l'éditeur de prendre les mesures de publicité admises par l'usage et de procéder ensuite à la mise en vente. L'auteur est, du reste, en droit de surveiller et de critiquer les moyens à l'aide desquels est effectuée la publication. Si le débit, l'écoulement de l'ouvrage sont paralysés par les agissements de l'éditeur, l'auteur peut s'en faire indemniser par les tribunaux et même obtenir la résiliation du contrat. Dans le cas où il y a lieu *à solder* une édition, c'est-à-dire à la vendre au rabais, l'éditeur ne peut opérer cette baisse de mise à prix sans avertir l'auteur, ce qui se comprend puisque les conditions de la vente sont nécessairement connexes à l'exécution de la convention. Mais ce dernier, s'il offre le prix demandé par l'éditeur, ne devrait-il pas être préféré à tout autre acquéreur? A défaut de la jurisprudence qui n'a pu se prononcer sur ce point, il faut qu'une disposition légale fasse droit aux légitimes prétentions de l'auteur.

L'obligation de publier comporte une exception. Si l'œuvre est immorale, si elle est l'objet de poursuites criminelles, on conçoit très bien que l'éditeur soit fondé à refuser d'en continuer la publication, ou tout au moins à la suspendre jusqu'à ce qu'un acquittement soit intervenu ou qu'une ordonnance de non-lieu ait été rendue. On ne peut, en effet, exiger de lui qu'il s'expose à une condamnation par respect d'un contrat qui, faute de cause licite, n'a pas pris naissance. Nous croyons qu'il en serait de même si l'éditeur, actionné par l'auteur en réalisation de son obligation de publier, faisait juger par les tribunaux civils que l'ouvrage, dont la publication est requise, a un caractère immoral. Mais il est évident que la solution que nous préconisons devrait faire l'objet d'un texte de loi.

En principe, ainsi que nous l'avons vu, la stipulation d'un prix n'est pas de l'essence du contrat d'édition. Conséquemment, à moins de convention expresse sur ce point, l'éditeur n'est pas tenu d'en payer un. Il arrive souvent que la rémunération convenue par l'auteur est fixée à telle somme déterminée par chaque exemplaire, et, d'après les usages, c'est sur le nombre des exemplaires effectivement vendus et non sur celui des exemplaires tirés, dont une plus ou moins grande quantité est remise à l'auteur ou à la presse, que le calcul doit être fait. Mais comment l'auteur arrivera-t-il à connaître le chiffre des exemplaires vendus? Sans doute, la jurisprudence décide que la comptabilité de l'éditeur pourra lui être communiquée ; mais si cette comptabilité est inexacte ou altérée, quelles seront les garanties de l'auteur? On se trouve dans une impasse et, pour en sortir, il faudrait que la loi organisât quelque moyen pratique de contrôle, comme, par exemple, l'apposition du nom de l'auteur sur la première page de l'œuvre en caractères spéciaux dont la planche serait détruite immédiatement après le tirage de l'édition. Assez récemment, autant qu'il nous en souvienne, il y a eu des difficultés entre Léo Taxil et son éditeur au sujet du nombre des exemplaires vendus, ce qui prouve à l'évidence que les questions de ce genre ne sont pas purement théoriques. Si l'éditeur n'exécute pas l'obligation de publier, qui lui incombe, le contrat, s'agissant d'une obligation de faire, se résout en dommages-intérêts ou peut être résilié.

L'étendue et la durée des droits de l'éditeur, en l'absence de dispositions légales qui les réglementent, peuvent donner lieu à de nombreuses contestations. Quand la convention est muette, l'éditeur a-t-il droit à une ou plusieurs éditions? C'est là surtout une question d'intention dont l'appréciation dépend des circonstances au milieu desquelles s'est conclu le contrat. Mais souvent ces circonstances sont obscures, trop peu caractérisées pour éclairer le juge sur la pensée des contractants. Si le contrat d'édition était une vente, on pourrait décider qu'en vertu des principes généraux de notre droit, tout pacte ambigu devrait s'interpréter contre l'auteur qui se trouverait virtuellement avoir ainsi la qualité de vendeur. Mais, ainsi qu'on l'a vu, le contrat d'édition étant une convention *sui generis*, on n'a pas même ce critérium d'interprétation. Peut-être pourrait-on dire que, nul n'étant présumé renoncer en une seule fois à un droit susceptible de lui procurer des avantages successifs et réitérés, l'auteur est censé n'avoir fait l'abandon que d'une seule édition. Cette solution, toutefois, est bien incertaine, et la preuve en est que plusieurs législations étrangères ont édicté des textes formels pour trancher la question. Notre jurisprudence sur la matière est souvent contradictoire, ce qui ne saurait étonner, étant donnée l'obscurité presque fatale des indices à l'aide desquels elle doit rechercher l'intention présumée des parties.

Une loi s'impose donc si l'on veut déterminer avec précision quels sont les droits des éditeurs en ce qui concerne le nombre des éditions. Elle ne sera pas moins utile pour fixer les limites de l'obligation de réimprimer après l'épuisement d'une édition à laquelle est soumis l'éditeur qui jouit du droit de publier plusieurs éditions. La réimpression à laquelle il est obligé devra-t-elle se perpétuer sans restriction? Ce serait abusif incontestablement, mais le fait par l'éditeur de se refuser, au gré de sa fantaisie, à toute réimpression ne le serait pas moins. Une règle légale est donc nécessaire. La limitation du nombre des exemplaires par chaque édition, lorsque aucunes stipulations ne sont intervenues à cet égard, ne se recommande pas moins à la sollicitude du législateur, car les usages sont parfois incertains, et il est bien difficile aux tribunaux de dire ce qui est excessif et ce qui est acceptable en cette matière.

Le droit de poursuivre les contrefaçons appartient à l'éditeur. Il a, en effet, un intérêt considérable à ce que l'œuvre qu'il édite ne soit pas impunément contrefaite, soit à l'étranger, soit en France, par des concurrents peu scrupuleux. Mais cet intérêt n'est pas exclusif de celui de l'auteur; alors même que celui-ci ne s'est pas borné à conclure des contrats d'édition plus ou moins étendus, mais a cédé tous les droits de propriété qu'il a sur son œuvre, il n'en conserve pas moins son action contre le contrefacteur. Si, au point de vue pécuniaire, il a cessé, à la vérité, d'être intéressé, il n'en a pas moins gardé sur son œuvre le droit exclusif de consentir à sa publication, et le dommage moral que produit la violation de ce droit suffit pour justifier les poursuites qu'il peut intenter.

La durée des droits de l'éditeur n'est pas sans comporter quelques difficultés lorsque la convention est muette ou qu'il n'a été fixé aucune époque pour l'apparition de diverses éditions successives. Évidemment, l'éditeur ne peut ajourner indéfiniment la publication à laquelle son contrat l'oblige.

D'autres questions relatives à la prolongation de durée de la propriété littéraire ou artistique méritent encore un examen attentif, et c'est à bon droit qu'on peut réclamer une disposition légale pour les trancher : Supposons qu'une loi nouvelle donne une plus grande extension aux droits de l'auteur ou de ses héritiers sur l'œuvre créée, à qui doit profiter cette prolongation de délai ? Est-ce à l'auteur ou à ses héritiers, est-ce, au contraire, à l'éditeur ? Si l'on admet que les parties ont dû nécessairement, au moment de la conclusion de leur traité, se référer d'une manière exclusive à la législation existante, et que l'auteur ou ses héritiers n'ont pu transférer à l'éditeur plus de droits qu'ils n'en avaient eux-mêmes, le bénéfice de la loi nouvelle ne saurait appartenir à ce dernier. Mais il se peut aussi que l'éditeur ait fait entrer en ligne de compte dans la conclusion du contrat d'édition l'éventualité, par suite de laquelle l'ouvrage qu'il va publier doit tomber dans le domaine public au bout d'un certain temps, ce qui lui permettrait de continuer la publication avec tous les avantages que donnent une exploitation déjà ancienne, et une clientèle assurée pour la vente de l'œuvre. Cela suffirait-il pour faire admettre que la prolongation de délai a été faite à son profit ? Nous nous prononcerions plutôt en faveur de l'auteur, mais il faut reconnaître que l'équité serait peut-être lésée si les intérêts de l'éditeur n'étaient pas mieux sauvegardés. Les deux solutions ont leurs partisans ; il serait opportun néanmoins qu'une loi vînt les mettre d'accord.

Qu'adviendrait-il enfin au cas où un traité diplomatique avec un pays étranger assurerait aux œuvres françaises artistiques ou littéraires une protection dont elles ne jouissaient pas antérieurement ? Lequel des deux de l'auteur ou de l'éditeur bénéficierait de ces garanties nouvelles conférées à la propriété littéraire ? M. Pouillet (n° 258 *bis*) se prononce en faveur de l'éditeur ; M. Lardeur (*Du contrat d'édition*, p. 197-198) opte pour l'auteur. La vérité est qu'on peut invoquer en faveur des deux opinions des arguments d'une certaine valeur ; on dit, d'une part, que les garanties nouvelles ne modifiant pas intrinsèquement le droit de l'auteur, mais ne faisant que le protéger, c'est à l'éditeur que revient le bénéfice résultant du traité, et cela d'autant plus juridiquement, que l'auteur qui se plaçait au moment de la conclusion du contrat dans les conditions où il se trouvait n'a pu transférer à l'éditeur que les droits qui lui appartenaient ; on soutient, d'un autre côté, que ces droits, par cela même qu'ils n'avaient pas de garanties, étaient dépourvus d'utilité pratique, qu'ils ont pris une importance plus considérable par suite des dispositions protectrices dont ils ont été l'objet, et qu'ainsi le changement survenu dans leur développement doit profiter à l'auteur. Ces divergences d'appréciation démontrent une fois de plus l'impérieuse nécessité d'une réglementation légale.

Les causes qui mettent fin au contrat sont de diverse nature. Le droit commun suffit pour régler le cas d'inexécution des conditions. L'influence que peut exercer la mort des parties sur le sort de la convention présente plus de difficultés. S'agit-il de l'auteur, si l'ouvrage n'est pas terminé, le contrat prend fin, mais s'il est achevé, le décès n'influe aucunement sur les stipulations arrêtées par les contractants ; dans le cas où l'éditeur est mort, au contraire, la jurisprudence admet que l'auteur peut à son gré demander la résiliation soit avant, soit pendant la publication, ce qui paraît en harmonie avec la nature du contrat d'édition qui est fait *intuitu personae*, ainsi qu'il a été expliqué ci-dessus. Certains auteurs, M. Lardeur notamment, sont d'un avis différent.

Les conséquences de la faillite de l'éditeur, les circonstances qui, d'après l'auteur, peuvent s'opposer à la publication, les cas de force majeure résultant d'un changement de législation pénale, de perte du manuscrit, les sanctions civiles ou autres que comporte le contrat d'édition forment encore un ensemble de points controversés qu'il y aurait tout avantage à régler explicitement, non plus au moyen de la jurisprudence, mais en vertu des dispositions précises de la loi.

Nombre de pays étrangers n'ont pas du reste imité le dédaigneux silence ou l'imprévoyance du législateur français. Esti mant que les intérêts en jeu dans le contrat d'édition ne sont pas juridiquement négligeables et que le défaut de dispositions précises ne permet pas suffisamment au juge d'arriver à des solutions satisfaisantes pour les intérêts privés, ils ont demandé à la loi une réglementation des relations respectives qui se produisent entre les auteurs et les éditeurs. Ce fait a une importance manifeste : il prouve nettement qu'un genre de convention qui a donné lieu à des travaux législatifs considérables chez différentes nations ne saurait rester chez nous abandonné aux hasards des décisions de la jurisprudence. Les législations étrangères sont, d'autre part, pleines d'enseignements instructifs, d'aperçus précieux pour la solution du problème législatif dont les pouvoirs publics devraient être saisis dans un prochain avenir. Aussi croyons-nous qu'il ne sera pas sans intérêt d'en donner une sommaire, mais en même temps complète analyse.

C'est le Code civil général prussien de 1794 qui a réglementé le contrat d'édition dans les articles 996 et suivants. Après avoir établi que le droit d'auteur consiste dans le droit de reproduire un écrit par l'impression et de le vendre seul dans les foires à des libraires ou à d'autres personnes, et qu'il s'applique non seulement aux livres, mais encore aux cartes géographiques, estampes, dessins topographiques et compositions musicales, la loi exige, pour l'acquisition de ce droit par l'éditeur, un contrat conclu avec l'auteur et constaté par écrit. A défaut de cette constatation, mais dans le cas où le manuscrit a été livré par l'écrivain, la convention verbale fait la loi des parties en ce qui touche les droits d'auteur promis; à tous autres égards, c'est la loi qui régit exclusivement leurs rapports.

L'auteur est tenu d'exécuter le contrat en livrant le manuscrit dans un délai convenable, sous peine de résiliation au profit de l'éditeur. En l'absence de détermination pour l'époque de la livraison, l'auteur doit l'effectuer de façon que l'éditeur puisse produire l'ouvrage à la première foire de Leipzig. Si l'importance et l'étendue de l'œuvre, la brièveté du délai à courir jusqu'à cette foire où d'autres circonstances sont de nature à faire croire que l'écrivain doit jouir d'un temps plus long, c'est à celui-ci à fixer à cet égard la règle sur laquelle le contrat est demeuré muet. L'éditeur peut pourtant sommer l'auteur de déterminer un délai précis ou d'accepter la résiliation du contrat.

S'il se produit des éventualités qui empêchent ce dernier de publier l'ouvrage promis, il peut résilier la convention, sauf à indemniser l'éditeur des dépenses déjà faites pour l'impression. Toutefois, si dans le délai d'un an après la résiliation du contrat l'écrivain fait publier l'œuvre promise à un premier éditeur sans l'avoir prévenu et sans avoir obtenu son consentement, ce premier éditeur a droit à des dommages-intérêts pour le bénéfice dont il a été privé.

Dans le cas où l'auteur, après avoir livré son manuscrit, trouve nécessaire d'y opérer des modifications au point de vue de son étendue ou de la disposition des matières, l'éditeur a la faculté soit de les accepter, soit de résilier le contrat. Mais si l'écrivain fait, sans le consentement de l'éditeur, des changements de cette nature alors que l'impression est déjà commencée, il est tenu envers l'éditeur à la réparation de tout le dommage qui en résulte. S'il y a impossibilité d'exécution pour l'une ou pour l'autre partie, on applique au contrat d'édition les principes généraux du droit qui régissent les conventions ayant pour objet des faits (*facio ut facias*), articles 360 et suivants, et qui prévoient les conséquences juridiques de la faute du débiteur, de la faute du créancier, de la faute commune aux deux parties qui ont rendu impossible l'exécution ou le mode d'exécution convenu, les changements de circonstances imprévus, les changements dans la personne des contractants, les désistements et indemnités, etc. Il serait beaucoup trop long de relater en détail des prescriptions aussi étendues.

Une nouvelle impression d'un ouvrage sans changement et dans le même format n'est qu'une réimpression. Pour constituer une nouvelle édition, il faut que le format et le contenu de l'ouvrage soient modifiés dans la nouvelle impression. Si le contrat ne détermine pas le nombre des exemplaires de la première édition, l'éditeur a la faculté d'en faire des réimpressions même sans le consentement de l'auteur. Dans le cas, au contraire, où cette fixation a eu lieu, l'éditeur doit, quand il veut procéder à une réimpression, s'entendre avec l'auteur ou ses héritiers. Faute d'accord entre les parties, on prend pour mesure la moitié des droits d'auteur payés pour la première impression. Sauf stipulations contraires insérées au contrat écrit, le droit de l'éditeur ne s'étend qu'à la première édition de

l'œuvre, y compris les additions et les notes, ce qui exclut pour
le premier éditeur la possibilité de faire une nouvelle édition
sans avoir conclu un nouveau contrat avec l'écrivain. D'autre
part, l'auteur ne peut donner une nouvelle édition tant que
l'éditeur n'a pas écoulé les impressions qu'il était légitimement
en droit de faire. A défaut d'entente entre l'auteur et l'éditeur
pour la nouvelle édition, le premier doit, lorsqu'il veut la publier chez un nouvel éditeur, prendre d'abord au premier éditeur tous les exemplaires de la première édition encore en
magasin, moyennant le prix de librairie payé comptant.

Les limitations, apportées au droit de l'éditeur dans l'intérêt
de l'auteur, cessent d'être applicables lorsque le premier a
chargé, d'après une idée conçue par lui, le second de faire un
ouvrage, et que celui-ci a accepté cette mission sans faire aucune réserve par écrit, ainsi que quand l'éditeur a commis,
pour l'exécution de cette idée, plusieurs auteurs comme collaborateurs. En ce cas, le libraire a, dès l'origine, la plénitude
du droit, et il n'appartient pas à l'écrivain ou aux écrivains de
faire valoir aucun droit sur les réimpressions ou éditions ulté-
rieures, si ce n'est dans la mesure des réserves faites par écrit.
Les remarques, se rattachant à des livres sur lesquels il existe
un droit d'auteur au profit d'une personne quelconque, peuvent
faire l'objet d'une impression séparée; toutefois, elles ne peuvent être imprimées ni vendues dans les Etats prussiens sans
le consentement de l'auteur et de l'éditeur. Lorsqu'il n'y a plus
de maison de librairie ayant un droit sur la nouvelle édition
d'une œuvre, quand aussi le droit de l'auteur ou de ses ayants-
cause est éteint, toute personne a le droit de faire une édition
nouvelle. Du reste, toutes les règles établies pour les nouveaux
ouvrages s'appliquent entre l'éditeur et l'écrivain qui s'occupe
de la nouvelle édition.

On sait que le Code civil français a été appliqué dans le grand
duché de Bade sous le premier empire. Des dispositions spéciales sur le contrat d'édition y ont été insérées en 1810, et depuis cette époque sont demeurées en vigueur. Elles sont beaucoup plus laconiques que celles du code prussien et peuvent
se résumer en quelques lignes.

Toute œuvre écrite appartient à l'origine à celui qui l'a com-
posée, quand il ne l'a pas exécutée sur le mandat et pour

l'avantage d'une autre personne, car, dans ce dernier cas, elle appartient à celui qui en a fait la commande. L'écrivain qui livre un manuscrit, pour le faire imprimer en vue d'une édition à publier pour son compte, ne renonce en aucune façon à la propriété. Il en est autrement de celui qui fait la livraison d'un manuscrit pour être édité par une autre personne, gratuitement ou moyennant une rémunération convenue; il cède par cela même la propriété de ce manuscrit et restreint son droit sur le contenu en le conférant à l'éditeur. Ces restrictions, sauf stipulations contraires du contrat, consistent en ce que l'éditeur peut faire une édition aussi importante qu'il le veut, mais n'a pas la faculté d'éditer de nouveau l'ouvrage sans le consentement du propriétaire. En outre, l'éditeur a le droit de disposer l'impression, au point de vue de la forme extérieure, comme il le veut, mais il ne peut faire au texte ni additions, ni abréviations.

Le code civil du royaume de Saxe, en vigueur depuis le 1er mars 1865, s'est occupé du contrat d'édition dans les articles 1139 et suivants que nous allons analyser.

Le contrat d'édition est défini un contrat par lequel l'auteur ou le propriétaire d'une œuvre littéraire ou artistique la remet ou s'oblige à la remettre à une autre personne, un éditeur, pour que celui-ci la reproduise, la publie et la mette en vente. La livraison doit s'effectuer conformément à la convention, et l'auteur est tenu de s'abstenir de tout acte de disposition qui nuirait à l'éditeur. Il ne peut ni charger en même temps une autre personne d'éditer son ouvrage, ni le faire insérer dans une édition complète de ses œuvres pas plus que dans tout autre recueil.

L'éditeur est obligé de reproduire l'œuvre à ses frais d'une façon convenable, ce qu'il lui appartient de déterminer en cas de doute, et de prendre soin de la mise en vente. La fixation du prix est subordonnée à son appréciation; mais il ne doit pas empêcher la vente en exigeant un prix excessif. Le contrat d'édition ne confère à l'éditeur que le droit de faire une édition; c'est lui qui, à défaut de clauses qui y soient relatives, en fixe l'importance, sans pouvoir cependant dépasser le nombre de mille exemplaires. Dès que l'œuvre lui a été livrée, l'éditeur est tenu de payer les droits d'auteur lorsqu'ils lui ont été promis en bloc, ou qu'ils doivent être considérés comme convenus dans les termes du droit commun, ce qui implique que, quoique le contrat ne contienne point une clause expresse de rémunération, il est réputé conclu à titre onéreux quand il résulte des circonstances que la prestation de choses ou de services promis n'a dû l'être qu'autant qu'elle serait rémunérée. Dans le cas où les droits d'auteur sont proportionnels au nombre des feuilles, le payement doit en avoir lieu aussitôt que l'ouvrage entier est prêt à être publié, ou si la publication est partielle, dès qu'une de ses parties est prête.

Si l'exécution du contrat d'édition devient impossible par suite d'un cas fortuit qui ne se produit pas du côté de l'éditeur, le contrat est dissous. Il y a cas fortuit, notamment, lorsque le but dans lequel la publication devait avoir lieu d'après l'intention des intéressés ne peut être atteint. Dans l'hypothèse où l'impossibilité d'exécution provient d'un cas fortuit survenant du côté de l'éditeur, celui-ci doit payer les droits d'auteur, si l'auteur ou le propriétaire de l'œuvre ne trouve pas un autre éditeur qui accepte les conditions du contrat d'édition. Lorsque, après la livraison faite à l'éditeur, l'ouvrage périt par cas fortuit, l'auteur ou le propriétaire de cet ouvrage est fondé à réclamer les droits d'auteur. Il peut encore en exiger la publication s'il met l'éditeur en mesure de la faire par une autre livraison, et, dans le cas où il possède un autre exemplaire de son œuvre, il est tenu d'effectuer cette livraison. L'ouvrage vient-il à périr par cas fortuit après la mise en vente ? L'éditeur a le droit de compléter à ses frais les morceaux perdus, et l'écrivain ou le propriétaire ne peut réclamer pour cela de nouveaux droits d'auteur. Pour l'interprétation d'un nouveau contrat d'édition, dans le doute on doit appliquer les stipulations du contrat relatif à la première édition.

C'est le Code civil de 1811 qui, en Autriche, a tracé les règles du contrat d'édition dans les articles 1164 et suivants. Elles sont ainsi formulées : par le contrat relatif à l'édition d'un écrit, l'auteur confère à une autre personne le droit de le reproduire par l'impression et de le mettre en vente, ce qui implique de sa part une renonciation à faire éditer le même ouvrage. L'auteur est tenu de livrer son œuvre conformément à la convention, et de son côté l'éditeur doit, après cette livraison, lui payer la rémunération convenue. A défaut de livraison par l'auteur dans le délai fixé ou de la manière déterminée, l'éditeur peut se dédire ou réclamer des dommages-intérêts quand l'ouvrage n'a pas été livré par la faute de l'auteur. Si le nombre des exemplaires de l'édition a été convenu, l'éditeur est obligé, lors de chaque édition nouvelle, d'obtenir le consentement de l'auteur, et une nouvelle convention doit intervenir au sujet des conditions applicables à cette édition. Lorsque l'auteur veut faire une édition nouvelle, avec des modifications apportées au contenu de l'œuvre, il y a également lieu à une convention nouvelle, mais il ne peut donner suite à son intention que s'il est disposé à payer une indemnité pour les exemplaires restant en magasin. L'éditeur, qui charge un auteur de composer un ouvrage d'après un plan qu'il lui soumet, a le droit absolu de faire des éditions, sans qu'il soit possible à ce dernier de demander autre chose que la rémunération stipulée. Ces diverses dispositions s'appliquent aussi aux cartes de géographie, aux dessins topographiques et aux compositions musicales.

Jusqu'ici, chez les divers peuples dont nous avons étudié la législation, c'est le Code civil qui a réglementé le contrat d'édition. En Hongrie, il en est différemment : le Code de commerce de 1875 consacre le titre VIII tout entier aux règles qui lui sont applicables. Est considéré comme contrat d'édition la convention par laquelle une personne, l'éditeur, acquiert d'autres personnes, l'auteur ou ses successeurs, un droit exclusif à la reproduction, à la publication et à l'exploitation d'une œuvre littéraire, scientifique ou artistique terminée ou à faire. L'auteur doit livrer à l'éditeur l'ouvrage promis dans la forme déterminée par le contrat et en temps voulu. Si cette obligation n'est pas exécutée par la faute de celui qui en est tenu, l'éditeur a la faculté soit de demander l'exécution et la réparation du préjudice causé par le retard, soit de réclamer des dommages-intérêts pour l'inexécution du contrat, soit même de se désister de ce contrat en le réputant non avenu.

Tant que les exemplaires de l'œuvre à publier ne sont pas écoulés, l'auteur ne peut prendre, en ce qui le concerne, aucune mesure nuisible à l'éditeur. Il n'a pas le droit, notamment, de faire une édition nouvelle du même ouvrage, ou d'une partie de celui-ci; il ne peut non plus faire éditer une de ces parties par un tiers, ni la faire comprendre dans une édition complète de ses œuvres, ni dans un recueil de morceaux divers. L'auteur peut publier les travaux qu'il a fait entrer dans un recueil soit séparément, soit dans une édition complète de ses œuvres, pourvu que ces travaux ne soient pas des objets indépendants du commerce de la librairie ou d'ouvrages d'art. Les petites œuvres qui ont été livrées à la rédaction d'un journal ou d'une revue sont, après leur publication, à la libre disposition de l'auteur. Le droit d'éditer un ouvrage ne confère pas en même temps le droit de le traduire et d'en publier la traduction.

L'éditeur doit reproduire sans changement, et à ses frais, l'œuvre qui lui a été livrée en manuscrit ou en original, et la mettre en exploitation d'une façon convenable. A défaut d'une convention précise, l'exécution matérielle ne peut être faite que d'une manière conforme au but et à l'objet de l'ouvrage. Le nombre des exemplaires et le prix de chacun d'eux sont fixés librement par l'éditeur, s'il n'est pas intervenu à cet égard de stipulations entre les parties, mais l'éditeur n'a pas le droit de fixer un prix tellement exagéré qu'il empêche l'écoulement de l'œuvre. Dans le cas de conclusion d'un contrat pour une seconde édition, les dispositions du premier contrat s'appliquent au second, quant aux points que celui-ci n'a pas réglés. La convention des parties détermine le nombre d'éditions pouvant être fait par l'éditeur. Dans le doute, un seul contrat n'autorise qu'une seule édition. Quand l'éditeur a le droit de faire d'autres éditions, il est tenu, dès l'épuisement de la première, d'en préparer une autre.

Si l'éditeur, par sa faute, ne reproduit et n'exploite pas l'œuvre de l'auteur, ou après l'écoulement complet d'une première édition n'en fait pas une seconde, ce dernier peut, à son choix, réclamer l'exécution du contrat et la réparation du préjudice résultant de son inexécution, ou demander des dommages-intérêts parce que l'obligation n'a pas été exécutée, ou se désister du contrat en le considérant comme non avenu.

Le droit de publier des œuvres isolées n'implique pas celui de faire la publication d'une édition complète des ouvrages d'un auteur. A l'inverse, quand un auteur a livré à son éditeur ses œuvres dans leur intégralité, celui-ci ne peut les publier isolément ou par parties.

L'auteur n'a la faculté de réclamer des honoraires de l'éditeur que lorsqu'il en a été stipulé expressément ou tacitement. Il y a sur ce point stipulation tacite lorsque les circonstances permettent de conclure que la remise de l'œuvre n'a point eu lieu gratuitement. Les honoraires sont alors fixés par le tribunal d'après une expertise. Il en est de même en cas de convention expresse relative à des honoraires, mais n'en déterminant pas le montant. Si les honoraires se basent sur un certain nombre de feuilles, l'éditeur n'est pas tenu d'en payer pour ce qui excède le chiffre de feuilles fixé, mais il peut exiger de l'auteur qu'il lui livre une œuvre complète. A défaut d'autres stipulations, l'éditeur est obligé de payer les honoraires convenus en termes généraux, au moment même de la livraison du manuscrit ou de l'original ; dans le cas de fixation de la rémunération à tant par feuille, ils ne doivent être soldés qu'après l'achèvement de la reproduction ou de la publication de toutes les parties, si l'ouvrage paraît partiellement.

Si l'exécution du contrat devient impossible par suite de force majeure se produisant dans la personne de l'éditeur, celui-ci n'est libéré de l'obligation de payer les honoraires que lorsque l'auteur a transmis son œuvre à un autre éditeur aux conditions fixées par le premier contrat. En cas de perte de l'ouvrage par cas fortuit chez l'éditeur, ce dernier n'est tenu qu'au payement des honoraires. Toutefois, l'auteur est obligé en cette occurrence, s'il est en possession d'un autre exemplaire, de le remettre à l'éditeur contre remboursement des dépenses qu'il a pu faire. Quand l'édition déjà achevée vient à périr en tout ou en partie, l'éditeur a le droit de remplacer à ses frais les exemplaires détruits, sans être obligé de payer des honoraires pour ces mêmes exemplaires.

Le contrat d'édition se dissout lorsqu'il a pour objet une œuvre déjà achevée, et que cette œuvre périt par cas fortuit chez l'auteur avant d'être remise à l'éditeur, quand l'auteur meurt avant d'avoir terminé son ouvrage, est empêché par une circonstance fortuite de l'exécuter conformément à la convention ou devient incapable de cette exécution, ou enfin si le but que, d'après les stipulations des parties, la reproduction devait atteindre est devenu impossible par cas fortuit avant la livraison du manuscrit ou de l'original. L'auteur ou ses successeurs sont, dans ces diverses éventualités, libérés de leur obligation ; ils ne peuvent réclamer d'honoraires que dans le dernier cas, et ne sont pas tenus alors de restituer ceux qu'ils ont pu recevoir.

La déclaration de faillite de l'éditeur donne à l'auteur la faculté de résilier le contrat. Si cependant la reproduction a été déjà commencée, la masse des créanciers peut maintenir la convention, à la charge de fournir une garantie suffisante.

Le Code fédéral suisse des obligations, en date de 1881, applicable à la confédération tout entière, ainsi qu'on le sait, s'est occupé du contrat d'édition dans les vingt articles dont se compose le titre XIII. Après une définition que nous nous sommes appropriée au début de ce travail, la loi règle successivement les obligations et droits respectifs qui naissent entre les parties par suite de la conclusion de ce contrat.

A moins de stipulations spéciales, le contrat transfère à l'éditeur l'exercice du droit d'auteur pour autant et aussi longtemps que l'exécution de la convention l'exige. Celui qui cède l'œuvre à publier doit avoir le droit d'en disposer dans ce but, et il est tenu à garantie envers l'éditeur. Dans le cas où l'œuvre a déjà été cédée en tout ou en partie à un autre éditeur, où il est à sa connaissance qu'elle ait été publiée de quelque autre façon, il est obligé de le déclarer avant la conclusion du contrat. Tant que les éditions que l'éditeur a le droit de faire ne sont pas épuisées, l'auteur et ses ayants-cause ne peuvent disposer à son préjudice ni de l'ouvrage entier, ni d'aucune de ses parties. Les articles de journaux et les articles isolés de peu d'étendue, insérés dans une revue, sont toujours susceptibles d'être reproduits par eux ailleurs. Quant aux travaux faisant partie d'une œuvre collective et aux articles de revue d'une étendue plus considérable, la reproduction n'en est pas possible avant l'expiration d'un délai de trois mois à partir du moment où la publication a été achevée.

Si le contrat ne précise pas le nombre des éditions à faire, l'éditeur n'a le droit d'en publier qu'une seule. A défaut de convention, il est libre, pour chaque édition, de fixer le chiffre des exemplaires. Mais il est tenu, si l'auteur l'exige, d'en faire imprimer tout au moins un nombre suffisant pour donner à l'ouvrage une publicité convenable; une fois le premier tirage terminé, il n'en peut plus faire de nouveaux. La reproduction de l'œuvre doit être effectuée sous une forme appropriée à son importance, sans aucune abréviation, addition ou modification qui n'ait été consentie par l'auteur. L'éditeur a l'obligation de faire les annonces nécessaires et de prendre les mesures habituelles pour assurer la vente. C'est lui qui fixe les prix, sans toutefois pouvoir les élever de façon à entraver l'écoulement de l'ouvrage.

Tant que ses facultés le lui permettent, l'auteur conserve le droit d'apporter à son œuvre les corrections et améliorations qu'il juge nécessaires; s'il impose par là à l'éditeur des frais imprévus, il doit l'en indemniser. L'éditeur ne peut faire une nouvelle édition ou un nouveau tirage sans avoir mis préalablement l'auteur en mesure d'opérer les changements nécessaires. Ce droit est personnel à l'auteur; il ne passe pas à ses héritiers. Au surplus, l'éditeur a toujours la faculté de s'opposer aux modifications qui porteront atteinte à ses intérêts commerciaux ou à son honneur, ou qui augmenteraient sa responsabilité.

Si la convention donne à l'éditeur le droit de faire plusieurs éditions ou toutes les éditions d'un ouvrage, et s'il néglige de préparer une nouvelle édition après l'épuisement de la dernière, l'auteur ou ses ayants-cause peuvent lui faire impartir par la justice un délai pour la publication d'une nouvelle édition. A défaut d'exécution de ses obligations dans ce délai, l'éditeur est déchu de son droit. L'acquisition, par ce dernier, de la faculté de publier différentes œuvres du même auteur ne l'autorise pas à en faire une publication d'ensemble. De même, le droit d'éditer les œuvres complètes d'un auteur ou toute une catégorie de ses œuvres, n'implique pas la possibilité légale de publier séparément les divers ouvrages qui y figurent. A moins de convention contraire, l'éditeur n'a pas le droit de traduction qui demeure réservé à l'auteur ou à ses ayants-cause.

Celui qui donne une œuvre à éditer est réputé, même à défaut de stipulation expresse, avoir droit à des honoraires lorsque les circonstances ne permettent pas de supposer qu'il ait entendu renoncer à toute rémunération. Le chiffre de ces honoraires est fixé par le juge sur l'avis d'experts.

Quand l'éditeur a le droit de faire plusieurs éditions, les clauses relatives aux honoraires et, en général, les diverses conditions fixées pour la première édition sont présumées s'appliquer à chacune des suivantes. Les honoraires sont exigibles dès que l'œuvre entière a paru, ou, si elle paraît par parties détachées (volumes, fascicules, feuilles), dès que chaque partie est imprimée et prête pour la vente. Si la question des honoraires est subordonnée totalement ou partiellement au résultat de ladite vente, l'éditeur est tenu d'établir, selon l'usage, le compte des exemplaires vendus et d'en fournir la justification.

Lorsque, après la livraison à l'éditeur, l'œuvre périt par cas fortuit, celui-ci n'en est pas moins tenu du payement des honoraires. Mais si l'auteur possède un second exemplaire, il doit le mettre à la disposition de l'éditeur, et, s'il peut refaire son ouvrage sans trop de peine, il y est obligé, moyennant une juste indemnité, dans le délai de deux années. En cas de perte totale ou partielle par suite d'une circonstance fortuite antérieurement à la mise en vente d'une édition déjà préparée, l'éditeur a le droit de faire rétablir à ses frais les exemplaires détruits, sans que l'auteur ou ses ayants-cause puissent prétendre à de nouveaux honoraires.

Le contrat d'édition prend fin par la mort de l'auteur avant l'achèvement de son œuvre, par l'impossibilité où il se trouve sans sa faute de la terminer, et enfin par suite de son incapacité à l'achever. Toutefois, dans les cas exceptionnels où le maintien, soit intégral, soit partiel de la convention, paraît possible et équitable, le juge a la faculté de l'ordonner et de prescrire les mesures nécessaires. La faillite de l'éditeur donne à l'auteur ou à ses ayants-cause le droit de remettre l'œuvre à un autre éditeur, à moins qu'ils ne reçoivent des garanties pour l'accomplissement des obligations à exécuter ultérieurement par le failli.

L'auteur ou les auteurs qui s'engagent à élaborer un ouvrage d'après un plan fourni par l'éditeur ne peuvent réclamer que les honoraires stipulés, et ce dernier jouit d'un droit de publication illimité.

Telles sont les principales législations relatives au contrat d'édition. Le Code prussien, qui est la plus ancienne, s'impose tout d'abord à l'attention par le soin minutieux avec lequel il détermine les caractères et les conséquences juridiques des conventions qui interviennent entre les auteurs et les éditeurs. Malgré ces qualités, le Code de commerce hongrois, et surtout le Code fédéral suisse des obligations, plus récents, mieux au courant des rapports si complexes, et parfois si délicats, qui s'établissent entre le créateur d'une œuvre artistique et littéraire et celui qui est appelé à l'éditer, nous paraissent mériter la préférence. Les principes généraux y sont posés avec toute l'ampleur, toute la précision voulues, sans amoindrir du reste la légitime importance de la libre convention des parties au nom de la notion mal comprise de l'ordre public; l'étendue des droits respectifs des parties, leurs obligations, leurs fautes, la théorie de la perte de l'ouvrage par cas fortuit y sont traités aussi juridiquement que possible. Le législateur français pourra donc y trouver des modèles presque accomplis à imiter.

C'est avec intention que nous avons restreint notre étude à l'examen des lois que nous venons d'analyser. Même dans la matière si intéressante de la législation comparée, il faut éviter les développements excessifs si l'on ne veut pas être taxé de monotonie, et d'ailleurs nous n'avons omis aucune des réglementations législatives codifiées et complètes qui se réfèrent au contrat d'édition. Il reste sans doute en Europe et dans le Nouveau-Monde beaucoup de lois concernant la propriété littéraire et artistique qui traitent accessoirement notre sujet dans des dispositions éparses : ce sont, notamment en Russie, le règlement sur la censure et la presse de 1886, en Finlande, la loi sur le droit de l'auteur et de l'artiste au produit de son travail du 15 mars 1880, en Portugal, le Code civil de 1867, en Danemark, la loi sur la contrefaçon du 29 décembre 1857, en Norvège, la loi du 8 juin 1876; en Amérique, la Bolivie, dans le décret sur les œuvres littéraires et artistiques du 13 août 1879, l'Equateur, dans la loi concernant la propriété littéraire et artistique, en date du 3 août 1887, le Guatemala, dans un décret sur la propriété littéraire du 29 octobre 1879, le Mexique, dans le Code civil de 1871, ont également déterminé d'une façon plus ou moins étendue les obligations et droits respectifs de l'auteur et de l'éditeur. Ces divers textes législatifs sont rapportés dans l'ouvrage en deux volumes de MM. Lyon-Caen et Delalain, où ont été reproduites les lois françaises et étrangères sur la propriété littéraire et artistique. Nous y renvoyons donc tous ceux qui voudraient prendre connaissance des dispositions sommaires qu'ils contiennent sur les rapports entre les éditeurs et les auteurs. Notre travail ne devra pas cependant être, à ce point de vue, réputé incomplet, puisque nous avons démontré la nécessité et les avantages d'une loi spéciale pour réglementer le contrat d'édition, et qu'ainsi nous nous sommes pleinement conformé au programme élaboré pour la présente session du congrès des sociétés savantes.

TOULOUSE. — IMP. A. CHAUVIN ET FILS, RUE DES SALENQUES, 28.

THORIN & Fils, éditeurs, 4, rue Le Goff, 4, à Paris

REVUE GÉNÉRALE
DU DROIT, DE LA LÉGISLATION
ET DE
LA JURISPRUDENCE
EN FRANCE ET A L'ÉTRANGER

Dirigée par MM.

Alph. BOISTEL
Professeur à la Faculté de droit
de Paris;

J. BRISSAUD
Professeur à la Faculté de droit
de Toulouse;

Max. DELOCHE
de l'Institut;

Th. DUCROCQ
Professeur à la Faculté de droit
de Paris, Doyen honoraire,
Correspondant de l'Institut;

G. HUMBERT
Professeur honoraire
à la Faculté de droit de Toulouse,
Sénateur,
Ancien Garde des Sceaux.
Premier président de la Cour des
comptes;

Jh LEFORT
Avocat au Conseil d'Etat et à
la Cour de cassation;

Fréd. MATHÉUS
Ancien maître des requêtes au
Conseil d'Etat;

H. PASCAUD
Conseiller à la Cour d'appel de
Chambéry;

Aug. RIBÉREAU
Professeur à la Faculté de droit,
à l'Ecole de commerce et d'industrie
de Bordeaux.

H. BROCHER
Professeur de droit à l'Université
de Genève.

Enrico FERRI
Député, Professeur à l'Université
de Rome.

Frederick POLLOCK
Professeur à l'Université d'Oxford,
Correspondant de l'Institut.

AVEC LE CONCOURS D'UN GRAND NOMBRE DE PROFESSEURS, DE MEMBRES DE LA MAGISTRATURE
ET DU BARREAU FRANÇAIS ET ÉTRANGER

LA REVUE GÉNÉRALE DU DROIT

Paraît tous les deux mois (depuis le 1er janvier 1877) par livraisons de chacune six feuilles (*au moins*) grand in-8° cavalier et forme, à la fin de l'année, un fort volume de 600 à 650 pages, imprimé sur beau papier en caractères neufs.

Le prix de l'abonnement est de 16 fr. pour la France et les pays faisant partie de l'Union générale des postes. — Pour les autres pays, les frais de poste en sus. Prix du numéro double, séparément : 3 fr. 25.

Tout ce qui concerne la Revue doit être adressé *franco* à MM. THORIN & FILS, éditeurs-propriétaires-gérants de la **Revue générale du droit**.

On s'abonne, en province et à l'étranger, chez les principaux libraires et dans les bureaux de poste.